U0904052

2008
5.12
14:28

任何困难都难不倒英雄的中国人民!

标语如潮见真情

BIAOYU RU CHAO JIAN ZHENQING

主编 ◎ 扬南　李昕

四川出版集团　天地出版社

图书在版编目（CIP）数据

标语如潮见真情 / 扬南,李昕主编.—成都：天地出版社，2009.4

ISBN 978-7-5455-0104-9

Ⅰ.标…　Ⅱ.①扬…②李…　Ⅲ.抗震救灾-概况-中国-2008　Ⅳ.D632.5

中国版本图书馆 CIP 数据核字（2009）第 057949 号

BIAOYU RU CHAO JIAN ZHENQING

标语如潮见真情

主　　编：扬　南　李　昕
文字作者：李　昕　张　驰　程　令　张力文
摄影作者：扬　南　黄晓帆　帅初阳　武　韵　董迎霞
李　严　马安祖　帅黎明　胡翠兰　刘　允
李佑君　张　鹰　秦　俊　陈媛媛

责任编辑：何红烈　谭清洁　姜　枫
美术设计：余　晓　毕　生
责任校对：程　于
责任印制：桑　蓉

出版发行　四川出版集团·天地出版社
（成都市三洞桥路 12 号　邮政编码：610031）
网　　址　http://www.tiandiph.com
电子邮箱　tiandicbs@vip.163.com
博　　客　http://blog.sina.com.cn/tiandiph
印　　刷　四川新华印刷厂
版　　次　2009 年 5 月第一版
印　　次　2009 年 5 月第一次印刷
成品规格　175 mm×250 mm　1/16
印　　张　12
字　　数　192 千
定　　价　39.00 元
书　　号　ISBN 978-7-5455-0104-9

一声声发自内心的呐喊，响彻了全中国，响彻了全球华人世界。这声音里饱含着所有中国人的热情与期待，充满着我们的自信与豪迈，在一个让人悲喜交集的年头里，为祖国加油！为自己加油！

2008年5月18日，在四川省什邡市灾情最严重的蓥华镇救援现场，胡锦涛总书记用洪亮的声音坚定地喊道：“任何困难都难不倒英雄的中国人民！”我们难不倒，是因为我们有党中央的坚强领导，有一大批关键时刻冲得上、危难关头过得硬的共产党员，有一支听党指挥、服务人民、英勇善战的人民军队，有全国人民万众一心、众志成城的坚强决心。是的，任何困难都难不倒我们这个英雄的民族！图为镌刻在青川东河口地震遗址石头上的胡总书记讲话。

2008年5月23日，温家宝总理在看望临时安置在四川绵阳长虹培训中心的北川中学高三学生时，用粉笔在黑板上写下“多难兴邦”四个大字，勉励北川师生克服困难，昂起倔强的头颅，挺起不屈的脊梁，向光明的未来前进。图为镌刻在青川东河口地震遗址石头上的温总理题词：“多难兴邦”。

编前絮语

2008年5月12日14时28分，一场突如其来的8.0级大地震袭击了神州大地，其破坏性之强、波及范围之广、救灾难度之大，为新中国成立以来之最。地震的最大烈度达11度，涉及四川、甘肃、陕西、重庆等10个省市417个县（市、区），房屋大量倒塌损坏，基础设施大面积损毁，工农业生产遭受重大损失，生态环境遭到严重破坏，引发的山体崩塌、滑坡、泥石流以及堰塞湖等次生灾害举世罕见。

在党中央、国务院的坚强领导下，全国人民万众一心、众志成城，开始了一场在我国历史上救援速度最快、动员范围最广、投入力量最大的抗震救灾斗争：抢救群众生命、打通灾区生命通道、安置受灾群众生活、打好灾后防疫战、抗击堰塞湖等次生灾害、积极开展灾后重建。灾区人民在当地党委、政府的领导下，在社会各界和各对口援建省市的支持下，不等不靠，自力更生，迅速开展生产自救，重建美好家园。中国人民以无所畏惧的英雄气概、团结一致的强大力量、可歌可泣的伟大壮举，书写了中华民族发展史上新的壮丽诗篇。

在无数次前往灾区的道路上，迎面而来各种载体上的各种内容、各种风格的标语无数次地让我们感动和振奋，这些立于田间地头的标语、刻在石头上的标语、举在孩子手中的标语、贴在汽车上的标语、刷在农房墙上的标语和伫立在高速路边的标语，记录着汶川地震发生以来灾区人民抗震救灾和恢复重建的历史进程，彰显了全国人民万众一心、众志成城抗震救灾的英雄气概，倾诉着灾区人民的感激之情，更寄托着灾区政府和人民自力更生、艰苦奋斗、重建美好家园的决心和誓言。

在汶川大地震一周年到来之际，我们从拍摄到的数百幅标语中选取了200多幅不同时期、不同内容、多个重灾地区的标语，从一个特别的视角，展示这场伟大的抗震救灾斗争中的一些感人画面。随着时间的推移，标语的内容也在不断地发生变化，但它们所蕴涵的精神已经深深地镌刻在人们的心中，幻化成我们内在的精神气质，激励着我们更加努力地前行。

当我们回望“5·12”地震以来所走过的道路，看到的更多是希望、信心和感动。在2009年新春之际，我们看见，大红灯笼高高地挂上了汉旺东汽厂的大门，吉祥的饰品挂在北川擂鼓镇板房区家家户户的门前，它将温暖和希望带进了2009年，未来的日子将在灾区人民勤劳的双手的建设下，充满希望，幸福绵长！

目录 CONTENTS

目录 CONTENTS

引 子

2008年5月12日14时28分，一场突如其来的灾难打破了神州大地的宁静。瞬间，山崩地裂，生灵涂炭，九州呜咽，天地同哀……

北川老县城，地震后又遭泥石流冲毁。

彭州小鱼洞大桥毁于地震。

受损的青城山赤城阁。

地震重灾区绵竹汉旺镇。

彭州白鹿镇领报修道院毁损，美景已荡然无存。

在地震中震毁的青川东河口大桥遗址。

什邡洛水小学受损严重。

映秀镇漩口中学在地震中已成废墟。

什邡洛水镇民房倒塌。

青川东河口地震遗址，民居深埋在这座小山下。

第一篇

“任何困难都难不倒英雄的中国人民”
——抗震抢险标语汇集

中华民族历来具有在艰难困苦面前不屈不挠、团结奋斗的光荣传统。只要全党全军全国各族人民众志成城、顽强拼搏，我们就一定能够克服各种困难，夺取这场抗震救灾斗争的全面胜利！

胡锦涛

2008年6月，四川省美术家协会宣传画。

2008年6月，四川科技馆，抗震救灾大型新闻图片展。

2008年6月，成都某公园。

去汉旺途中的标语牌。

2008年6月，四川美术馆抗震救灾摄影展。

“争分夺秒，保证畅通，千方百计，抗震救灾”

—— 交通和通信行业抗震抢险标语汇集

山体塌方、桥梁断裂、路基损毁，一条条“生命通道”瞬间被阻，数十万群众被困深山，无数生命在大地的战栗中等待救援……

灾情重，蜀道难，争时间，抢速度！2008年5月12日16时30分，四川各级公路交通部门迅速启动应急预案，全力以赴投入道路抢通保畅工作。数以万计的部队官兵和交通战线的工作人员昼夜奋战，逢山开路、遇水架桥，一场气壮山河的攻坚战在灾区“生命线”上打响。

在咆哮奔腾的岷江旁，在巨石摇摇欲坠的悬崖边，四川交通部门的干部职工和来自全国各地的对口支援交通单位的工作人员日夜奋战在抢险施工现场。5月13日，通往北川和青川的道路抢通；14日，通往平武和卧龙的道路抢通……一条条“生命线”的抢通，扫清了救援大部队和救灾物资全速进入灾区的障碍。

2008年5月，通往灾区的高速公路上。

争分夺秒 保证畅通 千方百计 抗震救灾

“5·12”地震袭来之时，彭州小鱼洞大桥中间部分轰然塌裂。受地震波冲击，受力不均的大桥当即垮成了一个巨大的“W”形。彭白公路彻底瘫痪，被困在银厂沟景区的群众和游客无法撤离，救援队伍和物资无法进入，情况十分危急。交通部门立即组织力量，冒着余震的危险，搭便桥，修便道，打通了前往灾区救援的“生命线”。

通往灾区的生命之路，力保安全畅通就是对灾区最大的支援。

地震使灾区的通信设施遭受毁灭性破坏，灾情不能及时传到外界，灾区成为一座座信息“孤岛”！经过通信抢险队员们的艰辛努力和紧张抢修，修复光缆，抢通基站……很快，电话响了，手机通了！“孤岛”与外界恢复了联系，电波为灾区人民带来更多生命的希望，传递爱的声音，为灾区人民抗震救灾搭建起了通信的“生命线”。

地震发生以后，中国移动四川3000个基站受地震影响中止服务，中国移动通信集团公司紧急启动了最高等级应急通信方案。5月15日，中国移动抢通汶川与外界的通信；5月18日，中国移动抢险突击队空降重灾区盲点乡镇；5月19日，中国移动抢通四川重灾盲点乡镇通信超过七成。

地震发生后，中国电信在第一时间启动应急预案，成立各级抗震救灾领导小组，随即开展应急通信指挥调度工作。电信员工发扬特别能吃苦、特别能战斗的精神，全力抢修，为恢复灾区与外界的通信联系作出了积极的贡献。

地震发生后，中国联通迅速调动全系统力量，发动了一场跨地域、跨专业的通信抢险大会战，率先全面完成四川抗震救灾指挥部指派的10个重点乡镇的通信抢通工作，比抗震救灾指挥部规定的时间提前25小时10分。

"一个党员就是一面旗帜，一个支部就是一个战斗堡垒"

——各级党组织和党员抗震抢险标语汇集

在人民群众遭遇危难之际，各级党组织快速反应，果断决策，组织带领干部群众奋不顾身地战斗在抗震救灾第一线，成为一座座"震不垮的堡垒"；在抗震救灾的关键时刻，广大党员干部挺身而出，冲锋在前，用生命和热血书写了对党和人民的无限忠诚，成为灾区群众坚强的"主心骨"和"贴心人"。

危难之中，党旗更红，党徽更亮。哪里最危险，哪里最困难，哪里最需要，"党员突击队"、"党员服务队"、"临时党支部"就会出现在哪里。一面面插在废墟中的鲜红党旗，一块块竖在帐篷前、板房外的临时党委、党支部的牌子，一支支承担急难险重任务的"党员突击队"，一笔笔渗透着责任与爱心的"特殊党费"，都在深情地诉说："中国共产党人最博大的爱就是爱人民，最深切的爱也是爱人民，最真挚的爱还是爱人民！"

中国共产党人最
博大的爱就是爱人民，最
深切的爱也是爱人民，最
真挚的爱还是爱人民！

镌刻在青川东河口地震遗址石头上的标语。

安县受灾严重的高川乡受灾群众安置点之一——沸水救助站临时党委和高川乡沸水救助站第一临时党支部。哪里最困难，哪里最需要，“临时党支部”就会出现在哪里。

积极投身重建家园的“党员突击队”旗帜迎风飘扬。

镌刻在青川东河口地震遗址石头上的标语。

这是紧急时刻的“集结号”，危难关头的“动员令”！ 灾区这样的标语比比皆是。

“国灾民难谁头阵，唯我人民解放军”

——军队抗震抢险标语汇集

这是和平时期一场没有硝烟的战争。解放军、武警、公安、消防、民兵预备役……我国所有的国防力量大军，通过空运、水运、陆运，以机降、空降、摩托化开进、铁路输送、徒步行进全方位方式昼夜兼程奔赴地震灾区，打响了与死神争夺生命的艰苦卓绝的战斗。

第一时间抢通“孤岛”生命线，面对道路损毁、悬崖垮塌、余震塌方不断……前进的每一寸道路都充满着生与死的考验。军人有大爱，人民子弟兵把灾区当故乡，视受灾群众为亲人，发扬排除万难、不怕牺牲、连续作战的大无畏精神，创造了一个又一个生命救援的奇迹。

狂风暴雨里、热辣阳光下、飞扬尘土中、残垣断壁上，绿色的迷彩撑起了生命的希望。“我们一定要多救人，才能对得起身上的这身军装。”济南军区铁军某师炮指连士官学员武文斌对战友们说。这名累倒在抗震救灾第一线的小战士，上万民众为他哭别。

为营救被困矿工，“无论多难、多险，哪怕刀山火海也要杀出一条血路。”黄继光生前所在连——“上甘岭特功八连”的空降官兵组成“敢死队”，冒着余震频发和上游堰塞湖随时可能溃口的危险，在70度倾斜的悬崖峭壁上架起“生命之梯”，把一个又一个受伤的矿工背下山。经过三天两夜奋战，756名受困矿工成功救出。

……

有多少次出生入死，就有多少次不离不弃。只因——人民的生命高于一切！

他们，是我们这个时代最可爱的人！

七律·赞人民解放军抗震救灾

山崩水啸大地倾，举国悲哀举世惊。
夜铲塌方通要道，晨排堰塞疏险津。
手扒残垣挽人命，肩抬冒险救乡亲。
国灾民难谁头阵，唯我人民解放军。

（作者：晏金星 晏晨辉）

成都军区驻滇四十师老山主攻团主要援助绵阳市北川、江油、平武等重灾区。

第二炮兵这支重要而特殊的力量，用钢铁意志和血肉之躯筑起一道生命的长城。

2009年2月，绵竹新市镇的一幅标语牌。海陆空三军的敬礼画面引人注目，军民鱼水情、一家亲的情谊温暖人心。

“5·12”地震发生后，济南军区某炮兵团、英雄之师“沙家浜”团的730名官兵接到命令，火速开赴四川地震灾区，以摩托化输送的方式抵达重灾区彭州市白鹿镇，开始对白鹿镇、小鱼洞镇受灾群众及游客进行生死大营救，并帮助百姓积极恢复重建。

驻渝红军师用实际行动诠释人民利益高于一切。

这幅致敬的标语来自彭州受灾严重的五个镇委镇政府。“5·12”汶川大地震发生后，济南军区某机步旅三千多名官兵以最快的速度奔赴灾区，担负彭州市受灾最严重、情况最复杂区域的抢险救援任务。他们抢救幸存者，救治伤病员，转移受灾群众，疏通道路，为群众搭建帐篷……这样的部队还有很多，无法一一列举，但他们都有一个共同的名字——人民军队。

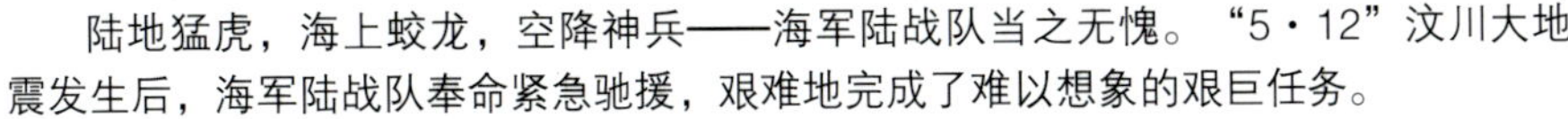
陆地猛虎，海上蛟龙，空降神兵——海军陆战队当之无愧。“5·12”汶川大地震发生后，海军陆战队奉命紧急驰援，艰难地完成了难以想象的艰巨任务。

济南军区援建北川擂鼓中学工程指挥部的誓言和决心。

2008年5月，德阳绵竹，驰援部队的心声。

驰援北川，挺进映秀，突入汶川，飞奔茂县……这支曾经三过雪山草地的红军传人的英雄部队，在前辈当年长征途中战斗过的龙门山脉，一次次创造奇迹。

由武警成都指挥学院官兵修建的“爱心路”通往半山腰的“汶川‘5·12’特大地震遇难者公墓”和一个居民集中安置点。站在爱心路上，可以鸟瞰曾经无比秀丽的阿坝门户——映秀镇，如今她满目疮痍、百废待兴。

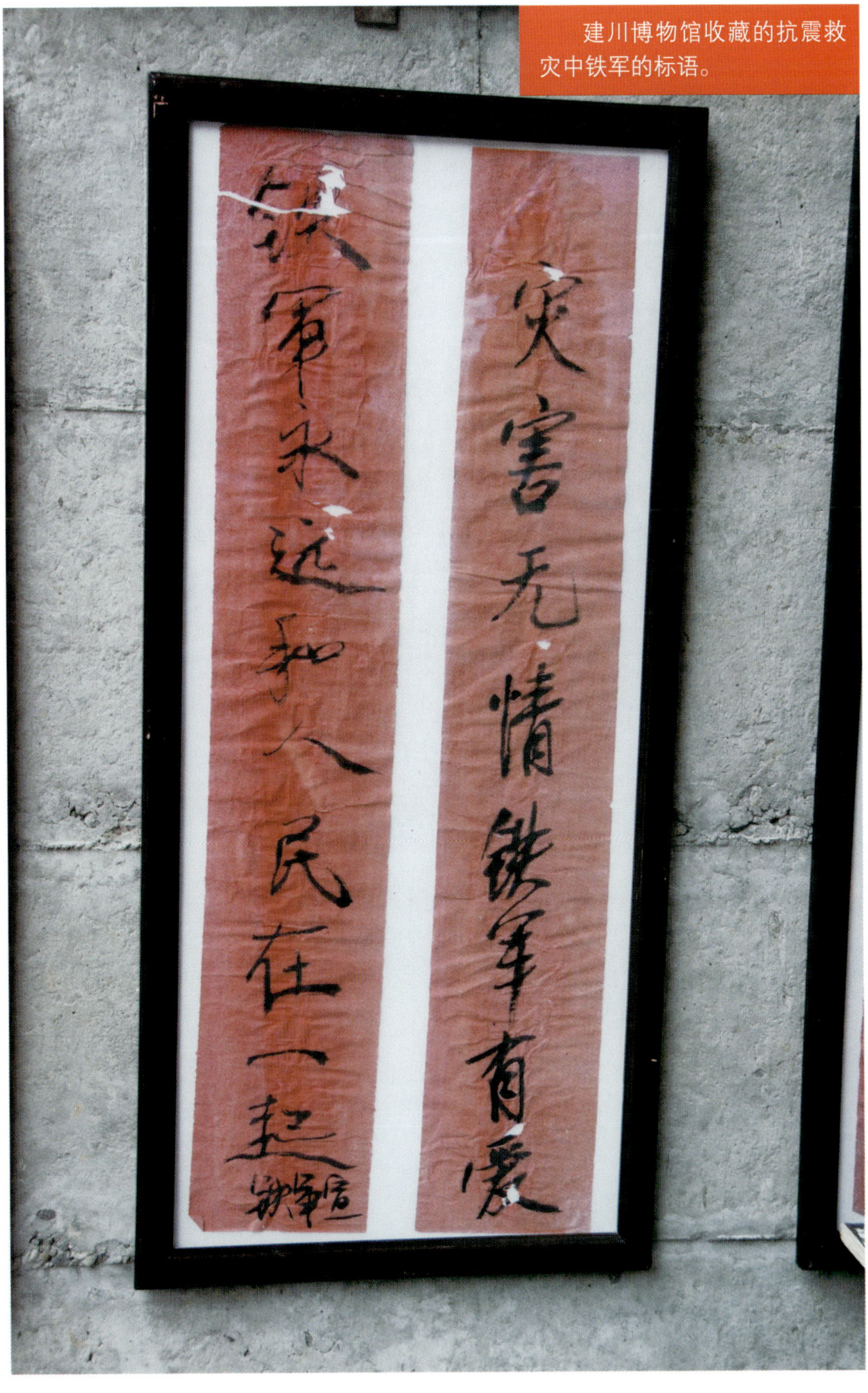

建川博物馆收藏的抗震救灾中铁军的标语。

铁军 来了

“铁军来了”的大旗插到哪里，就把希望和信心带到哪里。铁军师叶挺独立团的300名将士在汶川地震重灾区银杏乡坚持奋战，他们是一支默默无闻的攻坚部队，也是一支深受受灾群众爱戴的救命部队。

铁军医疗队与死神争分夺秒，抢救生命。

2008年5月，铁军驻地。

邱光华机组的故事：

这是一个英雄的机组，成都军区某陆航团邱光华机组曾八次飞进西藏、七次飞临雪山孤岛墨脱，数十次出色完成进藏边防巡逻、抢险救灾、卫星回收、实兵演习、飞机灭蝗等急难险重任务。抗震救灾，他们共飞行63架次，运送物资25.8吨，运送救灾人员87名，转移受灾群众234名。2008年5月31日，在汶川县映秀镇附近，直升机突遇低云大雾和强气流，于14时56分失事，全体机组人员光荣牺牲。

6月14日，中央军委主席胡锦涛签署命令，授予成都军区某陆航团“抗震救灾英雄陆航团”荣誉称号。

“华西儿女，勇挑重担，万众一心，抗震救灾”

——医疗系统抗震抢险标语汇集

有三种颜色，在废墟中照亮天地。它们是消防抢险队员的鲜橘红、军人的迷彩绿，还有白衣天使的一身洁白。在余震频仍的抢险现场，白衣天使们毅然冲上前线，从废墟中拯救生命，完美地演绎了救死扶伤的崇高职责。

地震发生后，全国卫生系统各级领导身先士卒参加和指挥救治工作，卫生战线的广大职工纷纷请战，奔赴一线参加抗震救灾。一支支卫生救援队、卫生防疫队以及心理医疗队，在灾区与死神抢夺生命，严密监测疫情，科学有效地开展消杀灭工作，安抚灾区同胞精神创伤，进行心理危机干预。

以四川大学华西医院医务人员为代表的白衣天使，忠实地践行着医务人员的社会责任，用爱谱写了一曲“守护生命”的感人壮歌，展示出崇高的职业精神。

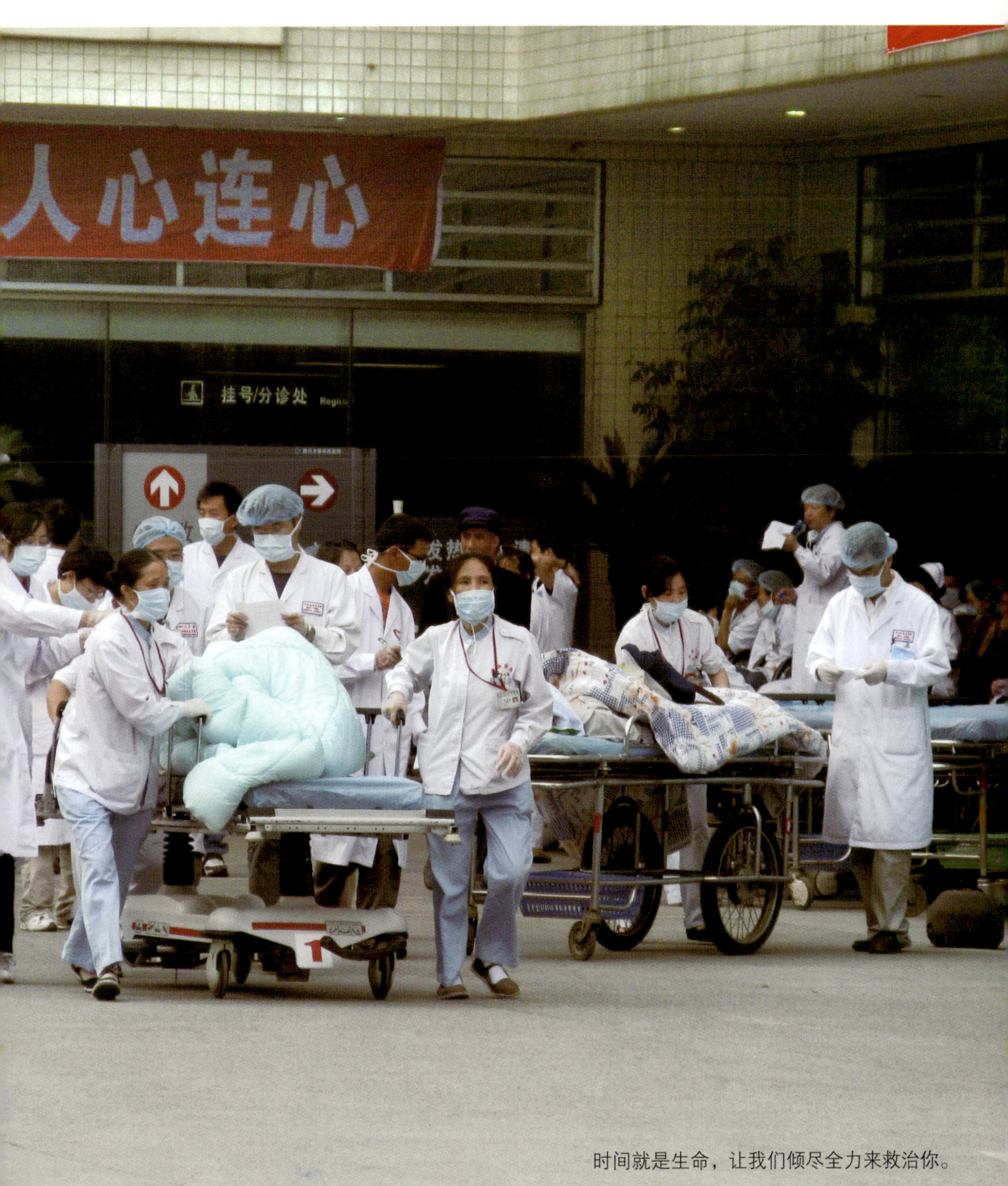

时间就是生命，让我们倾尽全力来救治你。

华西医院全力准备迎接地震伤员“回家”。

“到家了”，简单的三个字传递的是对灾区伤者的温情爱意。

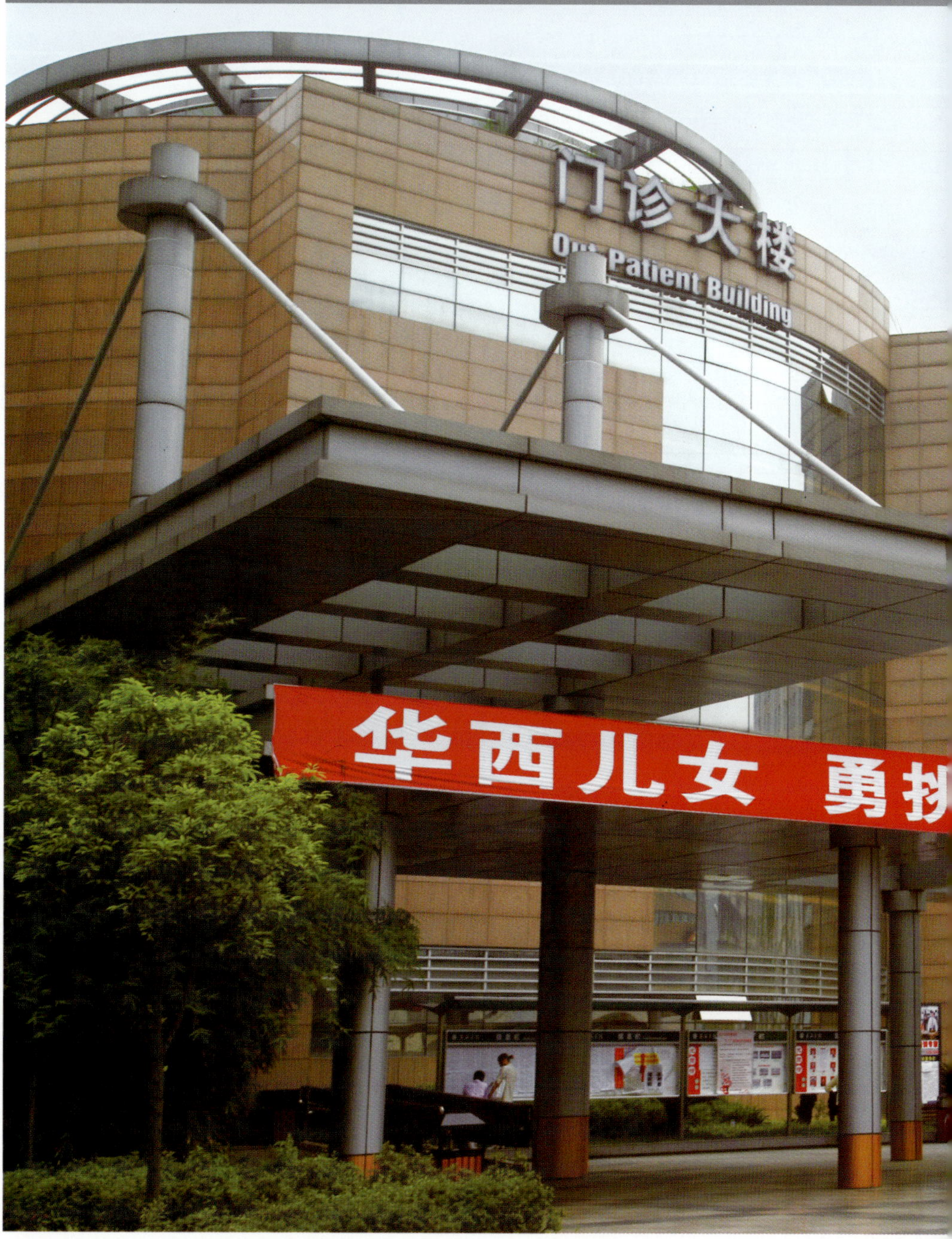
门诊大楼
Patient Building
华西儿女 勇

在人民生命财产遭受巨大灾难的关键时刻，四川大学华西医院全体干部职工坚定果敢、沉着冷静、连续作战，全力展开抗震救灾医疗救治工作，切实履行了白衣天使救死扶伤的崇高职责。他们是全国千千万万白衣天使的代表。

灾区卫生防疫：

伴随地震灾难的降临，疫情——这个防不胜防的幽灵也在灾区徘徊，威胁着灾区的每一个生命。这次地震灾害受灾面积大，生态环境遭受严重破坏，引发疫病的复杂因素增加，对灾后防疫提出了非常严峻的挑战。

党和国家领导人向人民作出了庄严承诺："确保大灾之后无大疫。"在极重灾区，建立起了政府部门、专业队伍和人民群众三位一体的防控体系：当地政府统一领导，统筹整合军地、省内外卫生防疫专业队伍和医疗卫生资源，防化兵进驻灾区全面展开消毒防疫，组建乡村卫生防疫队，分片包干；组建由机关单位、农村基层干部和灾区群众组成的卫生自救队，广泛动员群众积极参与，深入开展以健康教育、环境整治、除"四害"为重点的夏季爱国卫生运动。坚持专群结合、进村入户、不留死角、彻底防疫，实现了防疫力量对每个受灾乡村和受灾群众安置点100%覆盖。

坚强的灾区人民在党和政府的支持下，在全国人民的支援下，打赢了卫生防疫的硬仗，确保了大灾之后无大疫。

成都军区驻滇某集团军防化团部队官兵在山头竖立的标语牌。山下北川县城每一条街道、每一堆废墟、每一座摇摇欲坠的楼房，都留下了他们工作的汗水和足迹。当其他人撤离的时候，这支防化部队还在继续坚守。他们深情地呵护着北川这座遭受毁损灾难的小城，呵护着这里受伤的人民。

防疫人员对进出北川老县城的车辆实行强制性消毒。防化保障队在北川县城开设了五个洗消站，对所有进出震区的人员、车辆实施消毒。

这支在灾区坚守时间最长的部队，是地震发生后进驻灾区进行防疫消毒、预防和扑灭可能发生疫情的主力部队。他们在最关键的时候承担了最危险也是最繁重的防疫消毒任务，保证了大灾之后无大疫，创造了人类大灾防疫史上的奇迹。

这样的标语在灾区随处可见。它们和宣传车、宣传手册、广播、大喇叭等多种传播手段一起，加大了卫生防疫知识宣传力度，提高了群众的卫生防疫意识。只有群众行动起来了，才能确保大灾之后无大疫。

2008年5月，都江堰。

2008年5月，都江堰。

2008年5月，都江堰。

“心手相连，生死不离”

——志愿者抗震抢险标语汇集

汶川大地震发生后，在赶赴灾区的救援大军中，有这样一支队伍，他们或开着贴有“抗震救灾”标语的自驾车，或成群结队背着行囊步行，有的胳膊上系着绿色或红色的丝带，有的身穿印有红心的T恤，但更多的是什么特殊标志也没有；在救援的废墟上，在拥挤的医院里，在分发食物和水的队伍中，在清洁安置点的人群中，随处可见他们的身影。

他们，就是活跃在地震灾区的来自全国各地的志愿者。

他们口音不同，职业各异，但付出的是同样的爱心和不求回报的无私奉献。他们中的绝大多数，都是生活在你我身边的普通人，但此刻，他们每个人通过帮助他人渡过难关甚至创造生命奇迹，书写着自己人生的传奇；一个志愿者所起的作用也许是微小的，成千上万的志愿者会聚在一起，就形成了一股强大温暖的力量。

在地震灾区之外的全国各地乃至海外各地，还有不计其数的志愿者，以各种方式为抗震救灾出力。众多无法赶往灾区第一线的人，纷纷捐钱、献血、抢运救援物资、护理从灾区转运出来的伤员。

志愿者们的无私奉献，让爱的力量伸向灾区各方，让爱的暖泉涓涓流淌……

这辆来自重庆的救灾医疗志愿者货车急速行驶在通往灾区的高速路上。快些，再快些！在通往灾区的路上，写着各种抗震救灾标语的志愿者车辆络绎不绝。他们昼夜兼程，为灾区转送伤员、抢运救灾物资……

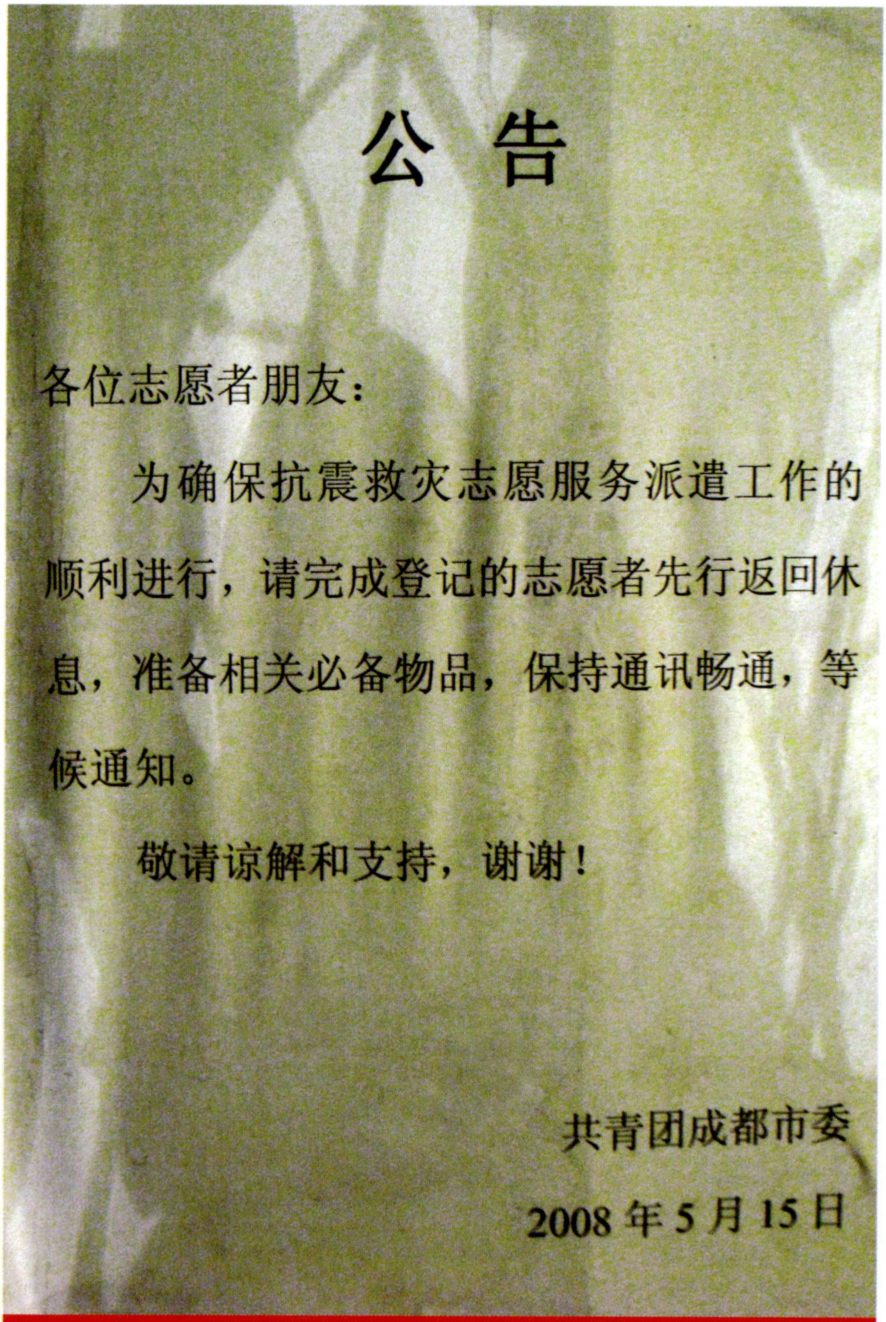

公告

各位志愿者朋友：

为确保抗震救灾志愿服务派遣工作的顺利进行，请完成登记的志愿者先行返回休息，准备相关必备物品，保持通讯畅通，等候通知。

敬请谅解和支持，谢谢！

共青团成都市委

2008年5月15日

2008年5月15日，共青团成都市委给志愿者的公告。

四川大学华西医院

"5.12"抗震救灾志愿者规定

华西抗震真情暖 志愿救灾爱心浓

如果您有意担任志愿者，请于指定地点报名

报名地点：华西医院"妈妈陪护处"（急诊旁边）

报名时间：随时欢迎

为了医院正常工作的进行，请您：

安排登记后方可进入医院

服从华西医院青志总队指挥

佩戴统一发放标志

在指定工作范围内服务

服务者禁止接受捐赠，包括熟食

饮水和就餐问题自行解决

负责工作区域环境卫生

服务终止时与联络人联系

具体事项由相关负责人通知

四川大学华西医院

志愿者队

2008年5月，四川大学华西医院门诊大楼前张贴的志愿者规定。

共青团成都市委门前运送志愿者的车队。

这是一辆来自福建的车，车后“自愿救灾”标语已经有些斑驳陈旧，风尘仆仆的车主还来不及洗去车身上厚厚的尘土。“自愿救灾”，简简单单的四个字，因发自内心而让人感动，因千里支援而情真意切。

绵竹中学门前的广东厦门赈灾志愿者车队。

“万众一心，中国全兴”
——企业抗震抢险标语汇集

在灾难面前，企业的良心和责任感经受着考验。什么是“一方有难，八方支援”，什么是“天地有爱，人间有情”，企业用抗震救灾的实际行动作出了回答。

地震发生后，地处灾区的企业均不同程度遭受人员伤亡和财产损失，他们一方面迅速组织自救，同时投入大量精力到抗震救灾工作中。位于绵阳市的长虹集团，5月12日深夜即组织了500人的抢险队伍到达北川，组织志愿者超过6000人。四川长虹积极动员所有分公司和子公司，包括境外的公司，及时为灾区抢运帐篷、棉被、食品、饮用水等救灾物资。

对大多数国有、民营、海外企业而言，在不能赶赴救灾一线的情况下，捐款捐物成为它们奉献爱心、承担责任的主要方式。车行在前往灾区路上，不断迎面而来的高速公路两边的不少广告牌，已更换成抗震救灾的励志公益广告。“万众一心，中国全兴”、“我坚信，同心协力，中国必胜”、“和你在一起”、“用大爱　筑明日家园”……这些或振奋人心，或暖人心扉的标语共同传递着企业对同胞的爱心，彰显着企业的社会责任意识。

这是一个企业的口号，更是中国人民的决心。

CHANGHONG 长虹
长虹连心 共建家园
长虹－中国乒乓球队主赞助商 全国统一特服热线：4008-111-666

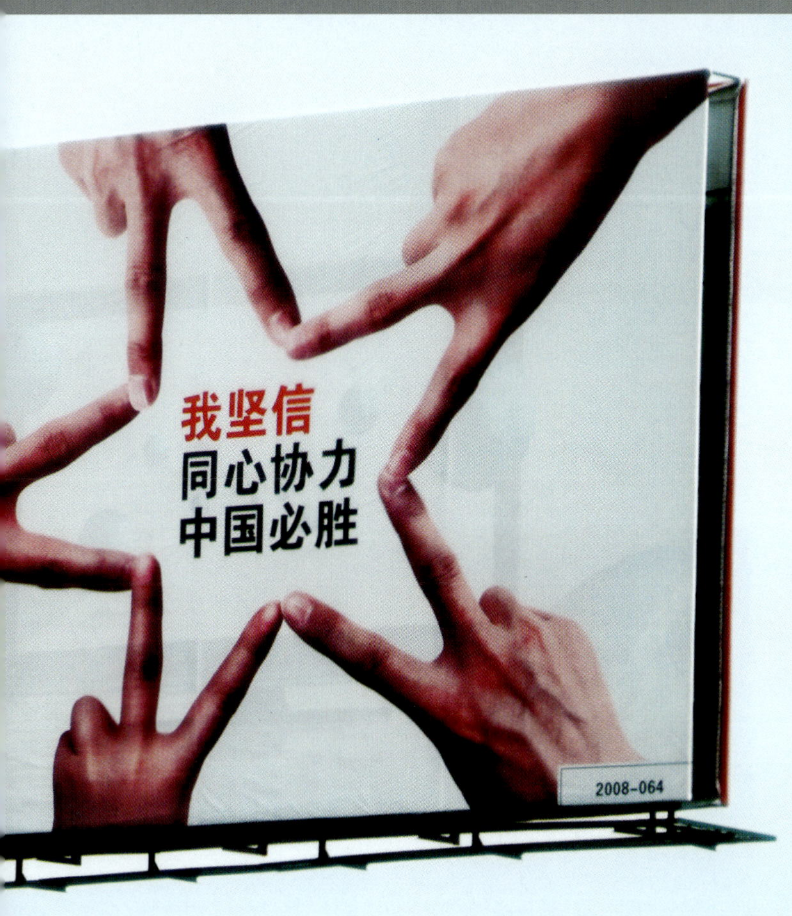

2008年6月，成都至绵阳的高速路上。

天灾无情人有情，生命之水助灾民。一瓶水，万颗心。地震发生后，蓝剑饮品集团24小时不间断地生产冰川时代矿泉水并陆续送往灾区，向汶川、都江堰、绵竹、北川、什邡等重灾区分别送出十万瓶矿泉水。同时，向什邡抗震救灾办提供了二十多台货车用于救援。

2008年5月，都江堰。

2008年6月，成都至绵阳高速路上的一条标语，在写“心”字的位置画了一颗红心，上面有代表中国的五星图案，突显中国人同心同力。

大爱，随处可见，温暖人心，催人奋进。

2008年5月，成都伊藤洋华堂门前。

企业的抗震救灾公益广告牌比比皆是，像吹响的集结号，不断给人们信心和勇气。

银行系统开辟绿色通道，以实际行动为抗震救灾提供优质金融服务。

地震发生以来，中国水电建设集团派出以四川省电力开发公司员工为主的两支抢险突击队，在四川省抗震救灾指挥中心和都江堰市政府的安排下，调集机械设备二十多台套，出动245名抢险人员，积极投身到搜救被困群众、抢修道路等工作中。

位于绵阳的民营企业四川长兴集团在灾后自救的同时，也积极投入抗震救灾各项工作中。

受灾严重的国家电网公司在迅速组织自救的同时，为保障灾区供电，向灾区紧急调集发电机、配电变压器等大量设备物资，并从全国调集电网抢修专业队伍全力抢修电网。

2009年2月，去映秀的路上。

2009年2月，去映秀的路上。

2009年1月，去绵竹的路上。

江苏黄埔再生资源利用有限公司的故事：

汶川大地震发生后，江苏黄埔再生资源利用有限公司董事长陈光标在第一时间率领由120人和60台吊车、挖掘机、推土机等重型机械设备组成的救援队，赶到抗震救灾的第一线，及时参与打通了通往北川、汶川和映秀的“生命线”，推出了映秀镇停机坪，在岷江边修出了几公里的道路，让大部队能够迅速进入灾区。陈光标在灾区第一线坚持救援，带领公司人员救出131人，其中他亲手救出的幸存者有12人。

从映秀、什邡、北川到汉旺、德阳、绵竹，江苏黄埔再生资源利用有限公司振奋人心的标语犹如面面红旗，迎风招展……

2009年1月，地震重灾区，汉旺镇。

“地震无情，人间有爱”

——社会各界抗震抢险标语汇集

“您的一顶帐篷、一件衣服、一盒药品乃至一瓶纯净水，都将给灾区人民带来温暖和健康”；“您的一笔捐款，无论多少，都将让灾区人民的家园得以更快重建”；“您的一颗爱心，将会和其他市民的爱心一起，会聚成一股强大的力量，抚平灾区人民心灵上的伤痕”。

这些具有号召力的语言不仅仅是激动人心的口号，更是地震发生后

社会各界行动的真实写照。

街头献血者排起了长龙，募捐箱很快就塞满了爱心……各行业、各单位，中国各级红十字会、各种慈善机构组织、各社会团体纷纷募集捐款，源源不断地接收各种救灾物资，在灾区开展各种援助工作；国际社会也迅速向中国政府和人民表示慰问和支援，并以各种方式向中国提供援助，充分体现出崇高的人道主义精神和对中国人民的友好情谊……

“地震无情，人间有爱”，爱心以各种方式从四面八方飞向灾区，温暖受灾群众；“爱能融化灾难，爱能创造奇迹”，我们手拉着手、心连着心，共同创造人间的奇迹！

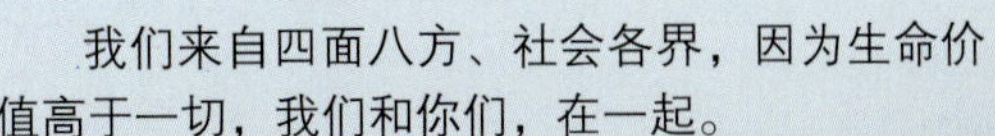
我们来自四面八方、社会各界，因为生命价值高于一切，我们和你们，在一起。

大爱是回暖的春风，是执著的守望，是不讲亲疏、不问条件、不求回报；是舍身救人、千里驰援、八方相助；是一声声废墟前深切的呼唤，挽留着生命的尊严；是一顶顶为受灾群众撑起的帐篷，传递着爱的呵护；大爱无疆，真情至诚，地震毁家园，但是到处都有爱在等待。

成都锦江剧场，地震灾区心理援助志愿者培训报名点

青羊宫为地震中遇难的同胞举行法会。

北京市仁爱慈善基金会组织成立的“感恩的心”四川赈灾项目组，在一线开展紧急物资捐赠及发放、开设震时仁爱学堂、建设震时仁爱学村、开办孤残老人关怀中心等救助。

社区募捐点在街头比比皆是。

小小的募捐箱，承载着对灾区人民的无限深情。

地震无情
人间有爱

一份爱再小，但是乘13亿，那将是一份令天地动容的震撼！有爱，就有希望。

台湾慈济基金会于第一时间进入灾区，为受灾群众提供免费饭食、心理救助、医疗援助等服务，捐赠上千万元援助洛水镇受灾群众。

地震发生后，广大海外侨胞纷纷慷慨解囊，积极踊跃捐款捐物，支援祖国抗震救灾。

2008年5月，一家酒楼被设为“抗震救灾便民服务点”。

餐饮商家的受灾群众供餐点。

2008年10月8日，胡锦涛总书记在全国抗震救灾总结表彰大会上发表重要讲话，他强调："在波澜壮阔的抗震救灾斗争中，我们用理想凝聚力量、用信念铸就坚强、用真情凝结关爱，大力培育和弘扬了万众一心、众志成城，不畏艰险、百折不挠，以人为本、尊重科学的伟大抗震救灾精神。"

第二篇

“动员一切力量积极灾后重建”

——灾后重建标语汇集

当前，抗震救灾工作进入恢复重建的重要阶段，党中央、国务院对灾后恢复重建工作进行了全面部署。《汶川地震灾后恢复重建总体规划》即将实施。我们要充分认识恢复重建工作的重要性、艰巨性和复杂性，进一步增强责任感、紧迫感和使命感，全面落实和完成规划提出的每一项任务，坚决打好灾后恢复重建这场硬仗。

温家宝

不等不靠 自力

五星红旗高高飘扬，大红灯笼喜气洋洋，人们的脸上重见了笑容，美好的家园靠着自力更生建起来了。

“争分夺秒抢损失，加快发展建家园”

——灾后恢复生产生活的标语汇集

“5·12”汶川大地震，一场人间浩劫，无数房屋在瞬间坍塌，数万生命在顷刻间殒灭。不亲历山崩地裂的那一刻，你就无法体会其中的恐怖与惨烈；不亲见家毁人亡的那一幕，你也无法了解撕心裂肺的痛苦。而这一切，灾区人民都承受了，经历了。

那一刻，他们是最痛苦的人；那一刻，他们又是最坚强的人。从废墟上站立起来，灾区人民和全国人民一起，用坚强和信心向世界诠释了中国人的坚毅、团结和顽强。许多家庭从自家倒塌房屋的废墟中扒出有用的物品，搭建起简陋的房屋；农民们忍受着失去家园的痛苦，开始抢种粮食，浇水施肥，营造未来生活；孩子们在社会各界的帮助下，迅速进入课堂拿起课本继续读书……历经劫难的天府大地忙碌着、沸腾着，依然生机勃勃。

各级政府和领导干部在抗震救灾和灾后重建工作中始终与受灾群众同甘苦、心连心，被群众称为“抗震救灾的主心骨、恢复重建的领头人”。他们团结带领广大干部群众，迅速开展工作，号召受灾群众牢固树立不等、不靠、不要的思想，克服各种困难，立即着手灾后重建，按照四川省委提出的“三年基本恢复，五年发展振兴，十年全面小康”的灾后重建总体目标，亲帮亲、邻帮邻、户帮户、党员干部帮助受灾户，共渡难关，共建美好家园。

这种勇气，让我们感动；这种意志，让我们感奋。这就是自力更生、重建家园的伟大精神。这些，是震区的希望，国家的希望。

2008年6月，成都街头，有关抗震救灾和灾后重建的标语随处可见。

绵阳永兴镇在加快推进灾后恢复重建的同时，积极克服震灾影响，坚持灾后重建与农民增收相结合，发挥永兴镇冰糖橙、烤烟、林业、杂交稻制种等产业基地的优势，努力实现受灾不降收，保持农民增收势头。

灾区干部群众勇敢担当灾后重建的第一角色，争分夺秒抓救援、抓重建，把受灾损失降到最低，在废墟上自立自强、浴火重生，冲破一切艰难险阻，加快发展，重建家园。

灾后短短月余，青川奇迹般悄然立起几万套“孤帆点点”般的农民自建房。这不是神话，但绝对是个奇迹。造就这个奇迹的，就是这条标语所示的——青川人的青川精神。

进入灾后重建阶段后，永久性住房建设成为灾后恢复重建最紧迫的任务。

对于灾区的老百姓来说，修好自己得以存身的房子，努力挣钱改善生活的愿望最朴实、最真实、最平和，也最坚定。

灾区百姓用最质朴的方式表达着自己的内心希望——永久性的住房、牢固温暖的家、正常平静的生活，一家子安安心心地在一起，安居乐业，把日子过得安稳、幸福、绵长。

在遭遇重创的安县，如今偶尔能够看到倾圮的民居，但更多的是一堆堆红砖、夯实的地基、准备建房的水泥预制板。政府补助，自己鼓劲，美好的家园就这么一砖一瓦地建起来。

在安县黄土镇，热火朝天修建永久性住房的场面随处可见。有自己的家，恢复正常生活，这就是灾区老百姓最质朴的愿望。

这是被网友评为灾区给人印象最为深刻的标语之一。言语朴实，但最真切最坚定地表达了受灾群众自立自强的决心，灾难虽然降临，生活仍将继续，只要人还在，只要精神不垮，一切都会好起来。

2008年9月，中国农业银行四川省分行与北川县人民政府签订支持地震灾区农民自建住房贷款授信协议。根据协议，农行将重点支持北川县农房重建。

四川省政府要求各地加强组织领导和宣传发动，帮助群众摒弃“等、靠、要”思想，调动群众建房积极性和主动性；兑现落实补助政策，积极协调金融机构发放住房贷款。

灾区重建需要大量建材，政府出台的关于保证建材供应的各项措施，稳定了灾区的物价和民心。

灾区政府采取各种措施，保证农房重建的建材供应，监督建材质量，确保价格稳定，极大地调动了受灾群众恢复重建，快速推进永久性住房建设的积极性。

灾区最动人的标语：

这是两条引起温家宝总理关注，并被总理盛赞的标语。它来自老百姓最朴实的语言，却表达了灾区人民最坚强的信心，被誉为灾区“最动人标语”。

2008年8月31日，温家宝总理来到青川县枣树村，看到贴在村民住房上的这两条标语，朴实无华的文字引起了总理的思考，他转身对随行干部说：“这是老百姓的话，抗震救灾要靠这种精神；重建家园、恢复生产要靠这种精神；使灾区将来发展得更好，也得靠这种精神。”

枣树村村民石光武是两条标语的原创者之一。石光武15岁时被脱粒机卷去右臂，但凭借自己的努力，他家的两间土坯房换成了两层的楼房。

2009年3月，青川关庄镇。

位于青川的杭州临安市支援金子山乡灾后恢复重建分指挥部活动板房。

地震让石光武的新房损毁严重，44岁的他不仅没有消沉，还不停地安慰妻子和邻居，鼓励大家动手积极自救，他有一句口头禅：“怕啥子？大不了从头再来！只要有手有脚有条命！”

枣树村村委会主任雍明说：“地震后，大家碰面都会说几句鼓励打气的话，我就想选几句写成标语，鼓励大家不等不靠，自己动手重建家园。”石光武的话和另一句被村民经常挂在嘴边的话被雍明选中。标语给村民们极大的鼓舞，从2008年7月中旬开始，全村136户村民都陆续动手建设永久性住房，截至10月底已有近100户接近完工，速度惊人。

地震博物馆永久收藏了这两条标语的原件，而在青川农民刚刚建好还没来得及搬进去的新房外，刚刚开工的房子旁两棵大树间，支援重建指挥部的活动板房上，青川老百姓的口中和心里，灾区人民的实际行动中……这两句“最动人标语”随处可见，彰显着灾区人民不屈不挠的精神。

镌刻在青川东河口地震遗址石头上的标语。

在去青川东河口地震遗址的路上，这条标语醒目地映入眼帘。

“来就是关心，游就是支持”，这是地震灾区旅游景区的共同心声。“5・12”汶川大地震使一向以山川形胜和人文风貌闻名于世的四川在瞬间遭遇了一场浩劫，景区受损，道路阻断，游客信心降到最低。但旅游发展的基本面没有变，旅游市场的潜在需求没有变，有政府的大力扶持，各个景点积极出台优惠政策，有各地游客倾力支持，四川旅游恢复振兴潜力巨大。幽幽青城、巍巍峨眉、迷人九寨……四川的所有景区都将在历经沧桑之后更显壮美。

青城山景区通过积极的灾后重建，2008年国庆前夕实现正常开放。

在青城山景区入口处，这条横幅格外醒目，因修建都江堰而备受尊敬的秦人李冰，再度成为四川人修复美景、重建家园的精神动力。

“美景依旧在，沧桑后更红”，地震灾区的旅游景区经过修整后将会更加引人注目。

灾后景区重建，风景依然秀美。

唐家河一定会依然美丽，沿河流域的大熊猫、金丝猴、扭角羚等珍稀动物依然安在。

愿遭遇大灾后的北川，如凤凰涅槃，美丽依旧。

再造羌族旅游明珠，北川灾后重建以人为本，立足长远。

DEC 东方汽轮机有限公司

牢记总理嘱

重建美

东汽精神：

在震惊世界的“5·12”汶川大地震中，位于龙门山下、绵远河畔的东汽汉旺生产基地惨遭劫难，职工、家属伤亡惨重，厂房、设备严重损毁。

面对灾难，不屈的东汽人“泰山压顶不弯腰”，擦干眼泪，振奋精神，以特有的坚忍和毅力，从余震不断的废墟上奋起，抗震救灾，恢复生产，向世人展示了东汽人的志气和精神，谱写了一曲感天动地的英雄壮歌。

“厂房塌了可以重建，机器坏了可以修理，只要精神不倒，东汽就不会倒！”面对破碎的家园、受难的同胞、肆虐的灾难，东汽人振臂高呼，迅速把一支生产大军组织成强大的抢险救灾大军。震后第八天，东汽

震后第12天，温家宝总理第二次来到东汽，对东汽抗震救灾、灾后重建工作进一步作出部署和重要指示。他说：“东汽是压不垮的，东汽人是站起来的一个真正的巨人。”“让我们成为一个真正的巨人！”这是东汽人的铮铮誓言，也是对总理、对人民的庄严承诺。

灾后第一批产品起运出厂；震后一个月，大部分关键设备恢复运转，总体产能恢复到震前50%以上；震后半年，遭受毁灭性打击的东汽圆满完成全年生产任务，工业总产值刷新了历史纪录。巴蜀大地上，东汽人以血肉之躯为倾覆的厂房筑起最坚实的脊梁，用震不垮的精神托起废墟上最坚强的希望。

2009年3月24日，四川省委作出《关于深入开展学习“东汽精神”的决定》，指出“东汽精神”“以其伟大的力量和独特的内涵，感动了中国和世界，标注出我们国家和民族的精神高度……”

2009年2月，充满节日气氛的东汽厂大门。

“5·12”大地震发生后，受灾严重的东汽厂受到了来自全国各地的关心和援助，这一切东汽人都心存感恩，永远铭记。

北川重建将遵循以科学为指导的思想。

灾难让历经沧桑、饱受磨难的北川儿女更加坚强，凝聚起更为强大的发展力量，抓住机遇，奋发有为，建设起一个更美好的新北川。

北川永安镇党委、政府按照四川省委提出的“抓安民、保稳定、保重建、求发展”的总体要求，把灾后永久性农房建设作为灾后恢复重建的重中之重，切实加强领导，强化科学重建，充分调动群众积极性，加强监管，平抑价格，切实保障灾后农房重建建材供应，有力地推进了灾后农房重建工作。

每一个北川人的回忆都将因为承受过最严峻的考验、承接过最温暖的关怀而成为弥足珍贵的精神财富，也是他们积极投身灾后重建最强大的精神动力。

震后的北川依然坚强，不等不靠，自力更生，一砖一瓦建家园，美好生活并不远。

2008年5月23日，温家宝总理再次来到绵竹市汉旺镇，看望了受灾群众，鼓励大家积极自救，重建家园。

绵竹是座富有文化味的小城，被誉为川西北的“小成都”，清秀富裕。在这次地震中，绵竹损失十分惨重。但绵竹人在断壁残垣上，挺起坚强的脊梁，用大灾大难也摧不垮的意志和勤劳的双手开始新的征程。

国务院总理温家宝于2008年5月15日中午辗转赶到位于四川北部的青川县木鱼镇，看望受灾群众和参与救援的解放军指战员、消防部队官兵、医护人员。他站在余震不断的废墟上，鼓励大家在党和政府的帮助下团结一致重建家园。

镌刻在青川东河口地震遗址石头上的温总理的话。

彭州市的灾后重建工作要求：把灾后重建与试验区建设相结合，用好灾后重建、城乡统筹、对口援建等各项政策，充分调动农民自身积极性和社会资金力量，打好“组合拳”，加快推进灾后重建各项工作。

“抓重建就是抓发展”是四川确立的灾后重建的理念，抓住灾后恢复重建的重大机遇，实现“保增长”的目标，为服务全国经济大局作贡献。

2009年，彭州将奋力推进灾后重建和经济社会发展，运用城乡统筹的思路和办法，力争把彭州建设成为科学重建、科学发展的样板。

四川彭州市通济镇灾后重建规划图。统规统建是彭州灾后农村住房重建的方式之一，即对规划确定的农村新型社区和集中居住点实行统一规划、集中建设。

彭州市通济镇灾后重建统规统建房（桥楼）
中国建筑
彭州市通济镇人民政府 成都市兴城投资有限公司
（福建援助） 中国建筑股份有限公司 中国建筑西南设计研究院有限公司

恢复重建有信

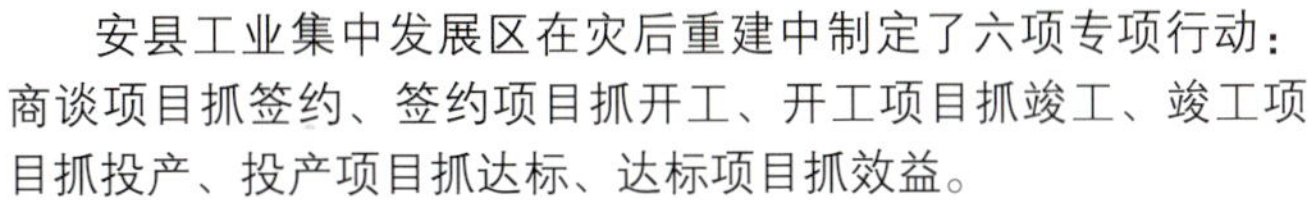

安县工业集中发展区在灾后重建中制定了六项专项行动：商谈项目抓签约、签约项目抓开工、开工项目抓竣工、竣工项目抓投产、投产项目抓达标、达标项目抓效益。

“5·12”大地震使安县遭受了惨重损失，但顽强的安县人不等不靠，很快明确了灾后恢复重建的总体要求，确立了“一年基本恢复，两年大有提高，三年建设新安县”的目标。

安县积极推动重大项目建设，以项目大突破推动科学重建、科学发展，预计到2011年底，建成一个“适宜投资、适宜居家、适宜旅游”的新安县。

安县是“5·12”大地震的重灾区，当地各级党组织要求广大干部一定要进一步解放思想，抓住国家灾后恢复重建政策机遇、辽宁对口援建机遇、国家应对金融危机拉动内需机遇这“三大机遇”，加快灾后恢复重建步伐，推进产业升级、发展投资环境升级、县域经济竞争力升级这“三个升级”。

2009年，共青团广元市委以“感恩自强、青年当先、重建灾后美好新广元”为主题,大力实施“青春育人、青春建功、青春创业、青春和谐、团建创新”五大工程。

2008年9月，成都至绵阳高速路上。

奋力推进“两个加快”，是当前四川经济社会发展的中心工作。

四川省委九届五次全会提出了全省灾后恢复重建的指导思想和总体要求，明确了灾后恢复重建的总体目标。

“援建出自责任，爱心传递真情”

——灾后援建标语汇集

汶川大地震发生后不久，党中央、国务院立即确定“一省帮一重灾县”的原则，19个省市迅速对遭受严重地震灾害的四川、陕西、甘肃等地实施灾后恢复重建对口支援方案。

在灾区人民极度困难之时，19个兄弟省市积极响应党中央“一方有难、八方支援”的号召，大力弘扬“团结协作、共渡难关”的精神，给予了地震灾区无私的援助。各省市领导对援建工作高度重视、精心组织、规划先行、科学援建。参与援建的各级领导干部和建设者远离家乡，在灾区战高温、斗酷暑、越寒冬，以高度责任感和使命感，真正做到了把受灾群众当亲人，把受灾地区当家乡，一切为了灾区人民，一切为了发展兴旺，有力地助推了抗震救灾和灾后恢复重建工作。

按照党中央、国务院的统一部署，北京援建什邡。市委市政府紧急部署，全市动员，迅速调集大量人力、物力、财力，第一时间驰援灾区，并持续动员全市各方面力量，积极关注和参与援建工作，确保对口支援各项任务全面落实，帮助灾区人民早日重建美好家园。

从接到援建任务的那一刻起，北京人民就将无私的爱化作援助行动，潮水般地倾注到什邡这块土地上。

由上海市援建，总投资3.3亿元、规划日产自来水20万吨的都江堰西区水厂已于2008年11月开工。

当援建都江堰的号令吹响以后，上海的儿女们肩负使命，一批接一批地开赴这个以古堰命名的灾区，与受灾群众心心相连、通力合作，共建美好家园。

汶川重建牵动着广东省委、省政府和9400万广东人民的心。

根据中央部署，广东省对口支援四川省汶川县灾区。从接到国务院抗震救灾四川前方指挥部的要求，到第一批活动板房作为临时安置房在重灾区汶川动工建设，广东省委、省政府和广东人民克服重重困难，用实际行动兑现临危受命之时的承诺：以最快的速度、最好的质量、最佳的形象在重灾区汶川县城建起由广东援建的第一批活动板房。

在全力战危机保增长的同时，广东省高质量建好新汶川的决心不变、目标不变、力度不减，做到中央放心、群众满意。

在广东省中山市人民的帮助下，漩口灾后重建工作有序推进，一个美丽的小镇即将在废墟上重生。

广东省东莞市对口支援映秀镇。

2008年9月，福建援建彭州白鹿镇的板房。

“5·12”地震给四川彭州通济镇造成了巨大破坏，原来的自来水厂被震垮，新建的一个小型水厂已不能满足供应需要。为了满足现在和将来通济镇发展的需要，福建晋江援建投资1900余万元，帮助通济镇修建一座可满足两万余人饮用水之需的自来水厂，预计工程两年完成。

福建建工集团是彭州白鹿镇过渡安置房的基础施工单位，他们克服了余震、施工道路沿线经常滑坡、场地狭窄等影响，连续奋战，圆满完成了援建任务。

福建全力支持彭州灾后重建，对口援建彭州项目共三大类88项，2009年上半年所有援建规划建设项目将全部完成前期工作。

在这场抗震救灾援建的战役中，福建省建设厅派出的援川队发扬特别能吃苦、特别能战斗、特别能奉献的精神，在短短的20天时间里，以顽强的作风、过硬的质量、快捷的进度，圆满完成了两个安置点数百套过渡安置房的建设任务。

河南人民的无私援助，安县人民永生难忘。

无私奉献和大力援助！
安县的无私奉献和大力援助
谢河南人民对安县的深情厚意！
南人民与安县人民共建美好新家园
抓重建 保民生 促和谐 推动安县经济社会又好又快发展
献出辽宁卫生人的真情爱心 全力支援安县人民重建家园
辽宁省卫生厅
同心协力 艰苦奋斗 打赢灾后重建攻坚战

三门峡市对口援建江油市新安镇和战旗镇，帮助灾区人民重建家园。

“援建的同志们真的很好，我们修好了房子，他们还为我们配套水、电、气。他们还为我们捐赠了新衣、棉被，真是为我们雪中送炭。”淳朴的村民记情，口里念着，墙上贴着，走到哪里都不忘三门峡市人民危难时候的鼎力相助。

四川汶川发生强烈地震后，河南五建集团公司及时向灾区人民伸出援助之手。5月25日夜，集团公司派出了河南省首支援建队伍，赶赴四川安县灾区参加过渡安置房的建设。

在无锡市政府和援建工作者的努力下，对口援建工作进展顺利、成效显著。2008年11月12日，总投资1.5亿元的首批援建项目——汉旺中心小学、汉旺幼儿园、汉旺镇卫生院、汉旺镇自来水厂、汉旺新镇区启动一期道路及管网开工建设。

“汉旺不会在地球上消失”、“一定要把汉旺恢复重建好！”温家宝总理对汉旺四万乡亲、对全世界的承诺，沉甸甸地装在600万无锡人民的心里。从大救援甫一开始，无锡的工程技术人员就在汉旺千方百计施以援手，帮助探测废墟中可能幸存的生命；在余震未歇之时，无锡的能工巧匠们就在稻田上迅速搭建起数千平方米的安置房，为已失去家园的汉旺群众遮风挡雨。汉旺小镇，洒满无锡大爱。

江苏省建设厅抗震救灾专家队帐篷。

“5·12”大地震后，为了打造工业发达、技术先进、增加值高、基础设施完备、具有多种孵化功能的工业园区，四川安县工业园区暨辽宁—安县产业合作园区开始建设。该园区将提供10万个就业岗位、承接150家灾区异地重建企业和250家发达地区产业转移企业。

"5·12"地震发生之后，党中央、国务院明确了江苏对口援建重灾区绵竹，"江苏"这两个字温暖了绵竹群众的心。

在巨大的灾难面前，辽宁卫生人展现了千里赴川的壮士之举、大爱归川的医者仁心，三上茶坪、五进高川，经受住了灾区严峻环境和超强度工作的历练，确保对口支援卫生工作有力、有序、有效开展。

在去往安县的路上，一路都可以看到感谢辽宁人民无私援助的横幅，表达着安县人民铭记在心的感恩情怀。

2008年5月22日，“5·12”大地震后十天，“青岛援建”的旗帜便飘扬在几乎被夷为平地的曲山镇和陈家坝乡土地上。建设者们比速度、比质量、比安全、比奉献，仅用两个多月时间，为曲山镇和陈家坝乡建设了4375套高质量活动板房。“青岛速度”让灾区人民动容，青岛真情更让灾区人民感动。

北川羌汉同胞深情感谢青岛人民的援助之恩。

灾难发生后，济南市政府按照山东省委、省政府的部署，火速调集市建设系统精兵强将和百余台机械设备，紧急开赴北川擂鼓镇。经过一个多月的奋战，济南建设者经受住了余震、塌方、大雨、泥石流等严峻考验，第一期3000套质量优良、环境优美、配套齐全的板房交付使用。

援建的中科院青年北川希望小学板房。

2008年8月31日下午，温家宝总理再次亲临四川省青川县，对浙江省援建工作提出殷切期望。他说，援建青川是一副重担，浙江应该把这副担子担好，把青川的恢复重建工作搞好。浙江省援建指挥部深受鼓舞，决心出色完成援建任务，与青川人民心手相连，建设好美好家园。

2009年1月18日，由杭州市对口援建青川项目竹下公路正式开工。该项目起于青川县竹园镇碑垭，与剑青公路相接，终至白家乡荞鱼洞和剑阁县下寺村，受益三万多人口。

山西援川人员牢记责任、不辱使命、攻坚克难，把老区人民讲政治、顾大局、能奉献的光荣传统留在了四川，与灾区群众克服暂时困难，共渡难关，一起迎来更加美好的明天。

全国各兄弟省市的无私援助给四川地震灾区重建提供了巨大的物质支持和精神鼓舞，让遭遇重创的四川能够在最快时间内从灾难中重新站起来。

“向所有伸出援助之手的人们致敬”

——感恩标语汇集

汶川大地震是新中国成立以来破坏性最强（仅次于1976年的唐山大地震）、波及范围最广、救灾难度最大的一次地震。在这场特大灾难面前，全中国人民奉献爱心、倾力支援；陆海空三军、武警指战员攻坚克难，从废墟下抢救出一个又一个生命；白衣天使们冒着余震的危险，投入彻夜不眠的紧急救人行动；广大志愿者不计名利，不畏艰险，在灾区默默奉献爱心；各援建省市伸出援助之手，为加快受灾地区的灾后重建，建设美好新家园注入了强大的动力；港、澳、台同胞以及海外华侨华人同舟共济、踊跃捐献；众多外国政府、国际组织和国际友人积极支援。人们在血泪交融中呼唤生命，在血脉相连中呐喊：汶川加油！中国加油！

感谢在危难时刻，那一盏盏点燃灾区人民希望的明亮灯光，那一颗颗温暖灾区人民胸膛的真挚爱心。

向所有伸出援助之手的人们致敬！

青川东河口地震遗址，一个大大的“谢”字镌刻在石头上，饱含青川人民的无限感恩之情。

“新旧社会两重天！大灾大难过去有，现在有；中国有，外国也有。哪个国家像今天的中国，救灾救得这么快，能召集这么多人，这都是因为今天的中国有了共产党的好领导，有了社会主义的好制度，有毛主席留给干部的好作风！”一位历经沧桑的老人这样感叹。

“5·12”地震一周年，风景依然美，沧桑后更红，感谢所有曾伸出援助之手的好心人。

2009年3月，青川至绵阳的路上。

地震重灾区汉旺，个体户打出了感谢的标语。

地震重灾区汉旺，个体户打出“感谢您们来到灾区，愿好心人一生平安”的标语。

经过大灾磨砺的志向更为坚定高远，在废墟上也能开出鲜花，怀感恩之心，回报无疆大爱。

2008年6月，成都至绵阳的高速路上。

德阳人民永远不会忘记，在最需要帮助的时候，对口支援省市及时伸出援手、千里驰援，各界人士慷慨解囊，各行各业守望相助，为灾区人民托起了美好的希望。

2008年6月，去北川的路上。

2009年3月，安县。

2009年3月，成都至广元的高速路上。

2009年3月，成都至广元的高速路上。

心系教育，融八方爱心；情洒旌城，育世代英才。正是有了每一个慷慨相助的您，才为受灾的德阳师生赢得了时间，赢得了生命，赢得了灾后重建校园的信心、力量和勇气！孩子们会永远记住您，德阳80万师生会永远记住您！历史会永远记住您！让我们再道一声：谢谢您！

2008年6月，什邡洛水镇。

2008年9月，安县花荄镇。

衷心感谢省委、省政府对北
热
树师

这座彩虹大桥原属安县安昌镇，“5·12”地震发生后，安昌镇成为北川重建临时党工委、管委会的驻地。

结 语

“只要人在，我们就会创造奇迹”

大地震是对民族意志力的考验。在自然灾害的巨大破坏力面前，人类显得那样弱小和无助，但在万众一心、共赴国难的中华民族面前，人类的坚强和坚韧让天地动容。“灾难摧毁了我们的家园，但摧毁不了我们的意志”、“山倒北川人民不倒，房垮北川精神不垮”、“大灾面前，我们相互温暖，我们无所畏惧”，一条条充满激情的标语，宣示着灾区人民的

在抗震救灾的关键时刻，胡锦涛总书记饱含深情、铿锵有力地指出：胜利一定属于英雄的中国人民。这是我们党和人民的誓言、民族精神的宣示，是对全党全军全国各族人民团结一心、共克时艰的高度赞扬和伟大号召，极大地鼓舞和坚定了我们克服一切困难、战胜地震灾害的必胜信心和决心。

决心。抗震救灾，重建家园，前路纵有千难万险，但我们已学会坚强。

2009年春天，当我们再次来到地震重灾区，春回大地，田间地头一片忙碌，公路两旁满是高高堆放的沙石、钢材、红砖，随处可见热火朝天的农房重建的繁忙场景。好消息不断传来：重新规划和选址的北川新县城即将开工建设；都汶公路将于5月12日正式通车；彭州在地震中被毁的小鱼洞大桥力争在5月12日建成通车；四川今年要确保全省学校重建任务基本完成，让95%以上的学生能在永久性校舍中学习……

只要人在，就会创造奇迹！

我们相信，有了党中央、国务院的坚强领导，有了全国人民和各援建省市的热情支援，有了灾区政府和人民自力更生、重建美好家园的坚定信心，不久的将来，经历了巨大劫难的天府大地将如凤凰涅槃般浴火重生，重新焕发出勃勃生机！

坚强的北川人民，坚韧的北川精神。

北川擂鼓镇板房小学，坚强的老师们为学生撑起一片天空。

强震大灾面前，我们民族的大善大爱、大情大义、大智大勇瞬间得以集合。我们周围的人，是那么的温暖坚韧，那么的有情有意，那么的坚强勇敢，那么的团结无比。

只要人在，我们就一定能够渡过难关，战胜这场重大灾难，在废墟上创造出更多的奇迹。

灾难摧毁了家园，带走了亲朋，但是它摧毁不了我们华夏儿女的心，在华夏同胞声声呼唤的“汶川加油，四川加油，中国加油”声中，有一股无穷的力量在支持我们，一起携手战胜灾难，建设更好更美的家园。

2008年9月，中冶成工集团的标语温暖人心。

灾后重建对漩口的总体定位是将漩口镇建设成汶川县重要的工业基地、生态休闲旅游中心以及213国道城镇发展轴上重要的经济节点。

30 100M
0 60

青川县竹园镇农房重建突出“小青瓦、白粉墙、人字顶”的川北民居特色，打造生态旅游走廊。

房新居规划
镇人民政府　杭州市萧山区援建指挥部

用真心去感恩
用行动来回报

2009年3月，吉娜羌寨，北川震后建设的永久性住房。

2009年4月，彭州，一幢幢永久性住房拔地而起。

2009年4月，彭州，宽敞、漂亮、坚固的新住房落成。

2009年4月，彭州，正在建设中的永久性住房。

2009年1月，挂满红灯笼的大桥。

谢